CATALOGUE

D'UNE

COLLECTION D'OBJETS D'ART

GRAVURES

TABLEAUX ANCIENS

ANTIQUITÉS

Curiosités diverses

Marbres, ivoire, faïences anciennes, porcelaine, etc.

Qui composaient le cabinet de M. BIGANT,
ancien Président de Chambre à la Cour Impériale de Douai.

Dont la vente aura lieu à Douai, rue d'Equerchin, n° 48, les jeudi 10 et vendredi 11 mai, le matin, de 9 heures à midi, et après-midi, de 2 à 5 heures, par le ministère de M° MAGNANT, commissaire-priseur, successeur de M° MILOT.

V° ADAM IMPRIMEUR A DOUAI.

1860

GRAVURES ET LITHOGRAPHIES
non encadrées.

1 Un grand carton contenant en gravures et lithograp. diverses, 27 pièces.
2 Un grand carton contenant en lith. diver., 8 pièces.
3 Un grand carton contenant en lithograp. diverses, pp^t. thèses de Douai, 22 pièces.
4 Livraison Beaux-Arts, illustrée de 14 planches.
5 Une farde de portraits, gravures et lith., 44 pièces.
6   —   de chasses, lith., 10 pièces.
7   —   diverses, 22 pièces.
8   —   —   12 pièces.
9   —   —   12 pièces.
10   —   —   14 pièces.
11   —   —   11 pièces.
12 Un petit carton de diverses pièces en nombre.
12 *bis*. Divers, 11 pièces.
13 Un lot de vues d'Angleterre, divers formats.
14 Souvenirs de la campagne de 1815, vue panoramique, se déroulant.
15 Album in-4° des vues de Spa, lith. par Th. Fourmois.
16 Voyage en Touraine, Anjou, Bretagne, gravures diverses.
17 Album broché in-12, vues de Suisse, lith.
18   —   souvenirs d'Aix-les-Bains.
19   —   vues de Chamouni.
20   —   —   Zurich.

21 Gravures tirées du journal *la Silhouette*.
22 Un lot de 6 planches photographiques et spécimens divers.
23 Vues de Paris et environs, lith., folio.
24 Album de vues de Fribourg et environs.
25 Fleurs et fruits coloriés.
26 Les illustres français, recueil de gravures, par Ponce.
27 24 vignettes gravées, pour les œuvres d'Homère.
28 38 — — — de J.-J. Rousseau.
29 Estampes — —de Voltaire (r. en veau).
30 — — de J.-J. Rousseau (9 livrais.)
31 — — — de Voltaire.
32 15 livraisons (1 à 15) de la galerie des peintres, coll, portraits.
33 Fêtes des environs de Paris, suite de lithog. in-4°.
34 Galerie de portraits douaisiens, lithog., la plupart d'après et par F. Robaut.
35 22 portraits, gravés sur Chine.
36 Vignettes gravées, pour la henriade de Voltaire, les œuvres de Mercier et de Molière.
37 Une suite de portraits parmi lesquels celui de M. le président de Calonne, dessin mine do plomb.
38 Une suite de gravures de modes, commencement du XIX° siècle.
39 60 vignettes gravées, pour l'œuvre de J.-J. Rousseau.
40 Un lot de gravures diverses.
41 Un portefeuille contenant diverses lithographies, la plupart sur Douai et les hommes du pays.
42 11 livraisons, vignettes pour Walter-Scott.
43 Série de portraits, pour l'histoire de France.
44 Diverses gravures dépareillées.

TABLEAUX.

(h' hauteur.) (l' largeur.) (T. sur toile.) (B. sur bois.)
(C. sur cuivre.)

1 } Ant. Watteau (Ecole d'), scènes galantes et arlequi-
2 } nades.—57-50 en h' T.
3 Ecole flamande. Des singes amateurs.— 31-23 en l' T.
4 Ecole flamande. St-Pierre en extase.—29-21 en h' B.
5 Berghem (Ecole de). Paysage avec figures et animaux.
   —38-26 en l' B.
6 D. Lacroix, 1761 (signé). Marine et paysage.—32-
   24 en l' T.
7 Le pendant du précédent.—32-24 en l' T.
8 Un portrait.—29-21 h' T.
9 } D'après Rubens. Groupe de têtes d'anges. — 16-
10 } 13 l' B.
11 Ant. Watteau (attribué à). Concert champêtre. —
   16-13 h. T.
12 Ecole espagnole. Portrait.—37-29 h. B.
13 }
14 } L. Watteau, de Lille (Monogramme L. W. et signé
15 }   L. Watteau). Scènes de militaires.—62-54 l' B.
16 }
17 Ecole française. Petits médaillons, portraits peints sur
   écaille.

18 Ecole française. Petits médaillons, portraits peints sur argent.

19 Ecole française. Portrait d'un sieur De Castillon, peint sur argent.

20
21
22
23
} Ecole flamande. 4 marines et paysages. — l' 31. 23 B.

24
25
26
27
28
} Un lot de 5 peintures et gravures encadrées.

29 Jean De Mabuse (attribué à). Le Christ au poteau. — Peinture très-fine, h' 24-20 C.

30 Pezay (attribué à). Portrait de Charles De Gondy, général des galères de France, tué en 1596. — h' 21-15 B.

31 Elzeimer. Marché aux légumes hollandais. — l' 16-13 C.

32 S. Vidal (signé). Une perdrix, nature morte. — h' 41-93 T.

33 Ecole d'Anvers. Empereur romain exerçant des cruautés. — l' 2"20-1"10 T.

34 Copie de tableau moderne. Tableau de genre. — l' 32-24 T.

35 Ecole française, tableau de genre. Jeune femme amusant un oiseau en cage au son d'une serinette. — h' 29-23 B.

36 Ecole flamande. Bataille. — l' 24-18 B.

37 Borne, 1765 (attribué à). Portrait de religieux. — h' 40-30 T.

38
39
} Ecole flamande. 2 panneaux et 1 toile.

40 Ecole flamande. Portrait de religieux avec armes et date: 1624. — h' 43-35 B.

41 Avesdonck (signé). Tableau de fleurs.—h' 42-32 C.

42 Ecole flamande. Adoration des Mages.—h' 57-48 B.

43 Reproduction de la Vierge, Notre-Dame-de-Grâce de Cambrai. — 40-31 B.

44 Ecole française, XVIII siècle. Portrait de M. De Calonne, président au parlement.—h' 65-50 T.

45 Paul Bril (genre de). Paysage animé de personnes écoutant la messe. — l' 1,07-0,62 B.

46 Peters Bonaventure (attribué à). Marine avec figures. — l' 0,80-0,55 B.

47 Ecole d'Anvers. Tableau de genre.—l' 0,49-0,33 B.

48 Monogramme de maître inconnu, école française. Paysage et animaux, retour à la ferme. — Effet de soir. — l' 0,80-64 B.

49 C. Vanloo (attribué à). Paysage et animaux. — l' 62-51 T.

50 Ecole de Van Dyck. Portrait de gentilhomme. — h' 0,60-44 B.

51 Boilly (attribué à). Jeune femme dansant avec son chien. — h' 0,75-60 T.

52 Van Landen (attribué à). Bataille de cavalerie. — l' 0,74-54 B.

53 S. De Vlieger, 1639 (signé); Plage où se tiennent des marchands de poissons et divers.—l' 1,12-0,72 B.

54 Ecole flamande. Tentation d'un saint au milieu de scènes grotesques. — l' 1,45-0,70 B.

55
56 } Ecole française. Les quatre saisons, Grisaille sur
57   fond or. — l' 1,18-0,98.
58

59
60 } Bustes de femme. T.

61 Ecole franç. Portrait de Louis XIV.—h' 1,25 0,95 T.
62 — — Louis XV. — —
63 Un lot de 7 tableaux et 2 gravures variées.
64 G. Vandenvelde (attribué à). Marine gros temps. — lr 55 40 B.

AQUARELLES.

65 Charlet (signé). Aquarelle sans titre. Caricature d'un savetier qui apprend à lire.
66 Grandville. — Sépia. *Il pleut toujours ma chère amie.* (Caricature).
67 Em. Wallez. Aquarelle. Salle des spectacles de Douai.
68 — — Porte Notre-Dame de Douai, intrà-muros.
69 J. Ouvrié (attribué à). Une rue de Normandie. — Croquis, mine de plomb.

GRAVURES ENCADRÉES.

70 Abattucci, ex-ministre de la justice. (lith.) ancien cadre.
71 } 2 portraits en médaillon, dessin à la mine de
71 bis. } plomb.
72 } 2 portraits en médaillon, demie ronde-bosse
72 bis. } plâtre.
73 Poussez ferme, scène galante. (grav.)
74 Le serment conjugal, scène galante. (grav.)
75 Portrait de Marie-François Bruno, intendant de Picardie. (grav.)

76 La prise de Courtrai. (grav.)
77 Vue perspective de Rouen. (grav.)
78 Héloïse et Abeilard. (lith.)
79 Louis XVIII. (épreuve avant la lettre.—Grav.)
80 Philippe Lippi. (grav.)
81 Pénibles adieux.—Lesurque et sa famille. (grav.)
82 Fête de Philippe-le-Bon (char du duc). ancien cadre.

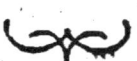

ANTIQUITÉS, CURIOSITÉS DIVERSES

Bronze.

1 et 2 Deux vitraux ovales avec blasons (XVIIe siècle).
3 Petit vitrail renaissance, représentant Charles V. (signé C. S.)
4 Trophée, 3 figures et allégories militaires. — Cuivre laiton.
5
6 } 2 séries poids de marc, en cuivre.
7 *Atlas*, bronze antique, sur socle en marbre de Sienne.
8 *Henri IV*, médaillon, cuivre doré.
9 Cuvette, bronze antique.
10 Autre cuvette, bronze antique.
11 Grande Patène, manche à figurine, très beau bronze antique, venant de Bavai.
12 Profericulum, ou vase à sacrifices, bronze, même provenance.
13 Bassin gallo-romain, bronze, même provenance.
14 Flambeau, bronze antique.
15 Sainte-Catherine de Sienne, statuette, bronze massif.
16 Lampe à 4 becs, bronze antique.
17 2 anneaux, bronze antique.
18 Gourde cuivre. — Renaissance.
19 Figurine, bronze antique.

20 Petit triptique Byzantin, en bronze (trouvé à Sébastopol).
21 Un lot de dix pièces diverses, en cuivre. (Chaines antiques, etc.)
22 Tête de Bacchus, bronze antique.
23 Clefs de Saint-Pierre, en fer doré.
24 3 figurines, bronze antique.
25 Deux cadres, cuivre repoussé et doré, deux nuances.
26 Pendule, cuivre. — Louis XV.
27 Une boîte à thé, en laque de Chine.
28 Diverses curiosités.
29 Une tabatière, en forme de sabot, ivoire, renaissance.
30 Une tabatière,   —   en paille de couleurs.
31 Sainte-Anne et la Vierge. — Groupe, ivoire.
32 Boîte à mouches, ivoire sculpté. Louis XIII.
33
33 *bis.* } Les quatre heures du jour, figurines en
33 *ter.* } ivoire, avec socle en bois satiné.
33 *quater.*
34 La Vierge et l'Enfant Jésus, statuette en épine, style flamand.
35 Le Vieux Temple, à Paris, plan en relief et sa gravure.
36 Saint-François, statuette, ivoire.
37
37 *bis.* } 4 figurines chinoises, en ivoire, finement
37 *ter.* } rehaussées de couleurs; le travail en est
37 *quater.* } excessivement remarquable.
38 Boîte à mouches, ivoire sculpté.
39 Groupe Chinois, en pierre de lare, morceau remarquable.
40 Milieu de triptique, bas relief, ivoire, XV° siècle.
41 Boîte à mouches, ivoire sculpté.

42 Coffret Florentin avec un grand nombre de figures, sculpté en ivoire, et incrustations de mosaïque.
43 La Vierge et l'Enfant Jésus, statuette ivoire.
44 Guerrier romain, manche de cachet, ivoire ancien.
45 Les Trois Grâces, bas relief 1/2 ronde-bosse en ivoire, hauteur 0,20.
46 Bas relief, ivoire.
46 bis. Tête de mort, en bois sculpté. } Un lot.
47 Dessus de tabatière, ivoire sculpté.
48 Un lot de huit pièces diverses.
49 Quatre flambeaux dorés, style Louis XIV, avec bobèches et custode.
50 (Signet filigrané). — Jolie pièce.
51
51 bis. } 3 figurines sculptées.
51 ter.
52 Volumen, en papirus.
53 L'institution de l'Eucharistie, bas relief, en albâtre et sa bordure.
54 Le Christ au Roseau, bas relief, albâtre, 1/2 ronde-bosse et sa bordure ancienne.
55 Modèle de canon, ciselé, monté sur son affût, avec inscriptions gravées: *Alter post fulmina terror — Beranger fecit Duaci* 1756.
56 et 56 bis. Deux pots à la crême et leur couvercle. — Ils portent tous deux la marque royale de Sèvres.
57 Léda, bas relief, plâtre.
58 Cruche à panse, grès flamand, richement décoré, avec couvercle en étain.
59 Cruche à panse, grès flamand, richement décoré, sans couvercle en étain.
60 Cruche à panse, grès flamand, richement décoré, sans couvercle en étain.
   Ces trois pièces sont intactes.

61 Cruche en faïence hollandaise, avec couvercle d'argent gravé.

61 bis. Pendant de la précédente, avec couvercle d'argen gravé.

62 Potiche du Japon, avec son couvercle au lion.

62 bis. Pendant de la précédente, et aussi intacte.

63 Cruche droite, pâte blanche, avec son anse.—Inscription et date : Hamburgen 1591.

64 Cruche droite, pâte blanche, sans anse.—Inscription et date : de Gerichtiegit—der Ghelof 1573.

65 Un chandelier, grés flamand, lion accroupi.

66 Un petit pot de grés (moderne) et son couvercle.

67 Théière, en bolus.

68 La Samaritaine, coupe d'émail, à anses.

69 Saint-Ignace de Loyola, bel émail de Limoges.

70 Vase de verre, gallo-romain, hauteur 0,15.—Grand diamètre 0,15.

71 Cruche gallo romaine, terre, couverture noire.

72 Vase antique de verre noir, trouvé près de Maestricht.

73 Lacrimatoire en verre, forme étranglée.

74 Autre lacrimatoire, en verre, forme de fiole.

75 et 75 bis. Lacrimatoire cassé et une lampe antique, en terre cuite.

76 Cruche en terre cuite, avec anse, armes, inscriptions et date : NE SUIS DUC NE COMTE OUSSI SUIS LE SIRE DE COUCI. [M] CCC XCI, h' 0,33, diam. 0,22.

76 bis. Vase, en terre cuite, trouvé à Hénin-Liétard.

77 Fragment de pavé, mosaïque romaine, provient de Bavai.

78 Lanterne Louis XVI avec suspension à trois branches.

78 *bis* Deux lanternes Louis XVI avec suspension à trois branches, récemment dorées.

78 *ter* Lanterne Louis XV, avec suspension à trois branches, récemment dorée.

78 *quater*. Lot de glaces à usage des susdites.

79 Ornements divers et détachés, bois sculpté.

80 Morceau de crédence, chêne sculpté.

81 Trophée d'armes sur écusson, composé de 12 pièces.

82 Bas relief découpé en cuivre repoussé, représentant un pélican, emblème de charité.

83 Clavecin Louis XV, peint, doré et sculpté, exécuté par des artistes douaisiens.

84 Cinq grands panneaux, tenture en vieux cuir d'Espagne doré.

85 Première pierre de pose d'édifice avec inscription.

86 Buste de femme, plâtre par M. T. Bra, statuaire, avec son socle faisant armoire.

87 Buste en terre cuite, d'un pêcheur napolitain, avec socle acajou plaqué.

88 Charles X, buste en plâtre de M. T. Bra.

89 Une paire de bois de cerf, grande dimension.

90
90 *bis*. } 2 groupes gracieux, biscuits.

91 Un grand coquillage buccin.

92 Un lot de 14 coquillages divers.

93 Un porte-montre en laque.

94 Fragment de fresque encadrée.

95 Un jeu ancien de bois varié incrusté en nacre, forme chapelle, au chiffre de Jésus.

96 Corbeille d'albâtre, fragment de pendule.

97 Brosse à habit, avec incrustations cuivre, étain, écaille, époque Louis XV.

98 Deux branches appliques, à une lumière, cuivre doré, Louis XV.

99 Loterie ivoire, avec poche en soie.

100 Un lot de fibules, anneaux, monnaies, etc., en tout 26 pièces.

101 Un lot d'objets divers.

102 Deux écussons, empreintes en plâtre.

103 Abattucci, buste.

104 Un jeune perroquet mort, sculpté en marbre blanc, sur son socle et sous globe.

105 Une demi-douzaine de tasses et sous-tasses en porcelaine de chine, coquille d'œuf.

106 Une théière, Japon, et son couvercle.

107 Bol chinois, mandarin.

108 Un plat, porcelaine du Japon.

109 Lot de porcelaine, Chine et Japon, dépareillée : trois tasses et deux sous-coupe.

110 Un pot à anse, verre taillé et gravé.

111 Hanap en cristal, se divisant en trois parties, taillé et gravé à la figure de Turenne, avec attributs militaires.

112 Verre taillé et gravé, avec renflement sur le pied.

113 Verre à bière allemand, avec inscription et figure.

114 Hanap en verre de Bohême et son couvercle, le tout avec reliefs et sujets gravés.

115 Quatre verres à vin, taillés et gravés.

116 Garniture de cheminée en bronze et marbre de Sienne, composée de 9 pièces.

    1° Une pendule avec la figure du *Temps*.
    2° Deux coupes.
    3° Deux flambeaux.
    4° Deux semainiers.

5° Un porte-allumettes.

6° Une sonnette.

117 Armoire console, en poirier avec incrustations et ornements en cuivre.

118 Ecran Louis XV avec cadre en bois sculpté et doré, haut de 1 ᵐ sur 72 ᶜ en tapisserie des Gobelins; le sujet représente deux figures de femmes 1/2 nature alllégoriques au milieu de candélabres supportant des vases de fleurs et surmontés de guirlandes de roses.

Pièce très bien conservée et fort estimée.

119 Deux branches appliques, tordues (serpentes), à deux lumières, genre Louis XV.

120 Deux branches appliques, tordues (serpentes) à deux branches, genre Louis XV.

121 Belle glace de Venise, et son cadre en bois sculpté et doré, avec couronnement et entourage à compartiments de glaces.

122 Lustre Louis XV, à douze branches, avec sa rosace.

123 Une pendule de boule, Louis XIV; avec bas relief 1/2 ronde-bosse sculpté sous le cadran, représentant les trois Parques, elle est surmontée d'une statuette en cuivre doré de la Renommée; écaille incrustée cuivre avec reliefs nombreux et soignés; console évidée.

Mesure du tout: hauteur 1 ᵐ 40, largeur 0 ᵐ 50.

124 Pommeau, cuivre, d'épée ancienne, aux armes de Flandre et de Bourgogne.

125 4 petits bas-reliefs et un cachet en nacre.

126 5 petites pierres antiques gravées, travail fin.

127 6 pierres gravées dont une montée en cachet, argent.

128 3 camées dont 2 en pierre dure et 1 sur coquille.

129 Cachets cornaline, gravés à diverses armoiries allemandes.
130 1 buste de Christ en corail et 1 tête de nègre, pierre dure.
131 5 cornalines et 1 jaspe sanguin, gravés à diverses armoiries anglaises.
132 2 cachets armoiries russes gravées en cristal de roche.
133 2 autres cachets id. le 1er corail, le 2e jaspe sanguin.
134 1 cachet cornaline, armes d'abbé, crosse et mitre, finement gravé.
135 4 cachets cornaline avec armoiries françaises.
136 3 petits camées s. coquille et un médaillon en nacre de l'empereur Nerva.
137 Un dé à coudre en cuivre, avec inscription et gravures.
138 3 camées.
139 4 pierres taillées, 1 pierre gravée, agathe onyx, et 1 empreinte Scipion.
140 Un lot de divers cachets de verre, tant gravés que coulés, d'après l'antique, médaillons, morceau de mosaïque (11 pièces).
141 1 clef Breguet.
1 bague.
2 anneaux brisés. } le tout en or.
2 boucles de souliers.
1 bouton de chemise.
142 1 cachet gravé H. B., couronne de comte.
143 2 boutons chemise, émail et or.
144 3 dito.
145 Chapelet en bois d'olivier, béni par le Pape.
146 Fragment de bijoux, broche, monture argent et diamant.

147 Une miniature de portrait, époque Louis XIV.
148 Joli portrait de femme peint à l'huile sur cuivre dans son écrin en chagrin.
149 Ecrin en chagrin, à usage de miniature, garni argent.
150 3 verres de loupe.
    2 médaillons.
    1 cachet-breloque.
    1 porte-médaille.
    1 lame de couteau, argent damasquiné.
151 2 pierres et 1 épingle montée or.
152 \
152 bis } Une paire de flambeaux Louis XIV, à 3 lumières, avec brûle-parfum, cuivre doré.
153 \
      } Une paire de candélabres Louis XV, socle marbre blanc. — Figures bronze. — Branches de lys dorés, à trois lumières.
153 bis. /
154 \
154 bis. } Deux vases, brûle-parfum, en porcelaine ancienne montée bronze doré, style Louis XVI.
155 Pendule de l'Empire, bronze doré.
156 Lustre du XVIIe siècle, monté avec branches dorées à 8 lumières, et avec un grand nombre de riches cristaux taillés, haut. 1,35, larg. 0,75.
157 \
157 bis. } 2 branches appliques, à une lumière. — Style Louis XIV.
158 \
158 bis. } Une paire de branches appliques, à 3 lumières, fin Louis XIV.
159 \
159 bis. } 2 branches appliques, à 2 lumières, bronze doré, style Louis XV.
160 Une cave à liqueurs, acajou, 6 flacons, cristaux dorés et 2 verres.
161 5 compotiers en porcelaine de Chine.
162 2
163 2

164 Un grand compotier porcelaine du Japon, richement décoré.
165 2 plats porcelaine du Japon.
166 3 compotiers pareils, porcelaine de Chine.
167 11 assiettes porcelaine de l'Inde.
168 3 compotiers semblables, porcelaine du Japon, fin et riche.
169 6 tasses et leur sous-coupe, porcelaine du Japon.
170 Un lot composé de 8 pièces diverses.

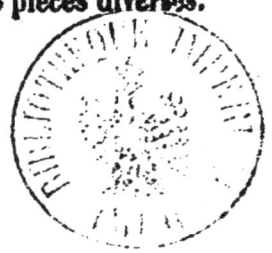

Vᵉ ADAM, imprimeur à Douai.